Ravioles

Caroline GUEZILLE

Dormonval

››› PRÉPARATION TRÈS SIMPLE
››› PRÉPARATION FACILE
››› PRÉPARATION ÉLABORÉE

••• PEU COÛTEUSE
••• RAISONNABLE
••• CHÈRE

› Photographies : SAEP/Jean-Luc SYREN et Valérie WALTER.
› Préparation des plats : Frédéric GÉRARD.
› Coordination : SAEP/Éric ZIPPER.
› Composition et photogravure : Éditions SAEP.
› Impression : Union Européenne.

Conception › éditions saep - 68040 Ingersheim - Colmar

Alléchantes, onctueuses, fondantes, les ravioles ont autant leur place dans les repas festifs que dans les agapes entre amis. Généralement dégustées en entrée, elles peuvent se décliner en consommé pour le plaisir des petits comme des grands. Il vous suffira d'un matériel approprié — des plaques à ravioles et un rouleau à pâtisserie, mais il est tout à fait possible de les fabriquer manuellement — pour vous lancer dans la fabrication de ces petites merveilles dont la renommée a largement franchi nos frontières et qui ne sont pas, comme beaucoup le supposent, la version française des raviolis ! N'hésitez pas à laisser libre cours à votre imagination pour créer vos propres farces, à ajouter à celles que nous vous proposons…

› Non, les ravioles ne tirent pas leur nom du cousin ravioli, mais de la rave, ce légume-racine proche du navet ! Tout simplement parce que les ravioles étaient à l'origine farcies d'un hachis de raves et servies durant le carême, qui interdisait toute alimentation carnée. On peut aisément imaginer que des malins affamés et peu portés sur la religion en profitèrent pour dissimuler de la viande dans leur farce, les apparences étant sauves !

› On retrouve la trace des ravioles dans un texte datant de 1228. Le Décaméron de Boccace, recueil de nouvelles achevé en 1351, décrit une sorte de paradis terrestre où il existait des « gens qui ne faisaient autre chose que faire croûtes et ravioles qu'on cuisait en bouillon de chapon ».

› Une légende locale et tenace raconte qu'il y a fort, fort longtemps les « radeliers », hommes robustes qui guidaient les radeaux auxquels étaient arrimés les immenses troncs de sapin qu'ils convoyaient sur la rivière d'Isère, affolaient toutes les jeunes filles, qui se pâmaient en les guettant. L'un d'eux, leur chef Toinon, débarqua un soir chez sa belle pour souper. Celle-ci n'avait qu'un peu de farine, quelques œufs, du beurre, une tomme de chèvre, des herbes aromatiques en son jardin… et une belle imagination. On devine la suite, elle inventa pour lui la raviole au goût unique. La fin ne précise pas s'ils convolèrent en justes noces ! Mais l'histoire fut déformée et insinua que ce sont les bûcherons italiens, venus prêter main-forte aux radeliers, qui importèrent cette recette pourtant locale.

› Les ravioles étaient donc à l'origine farcies de raves et servies du Nord au Sud durant le carême à la place de la viande. Avec le temps et le recul des interdits religieux, elles disparaissent peu à peu de nos tables pour ne pratiquement subsister que dans la Drôme et particulièrement dans la ville de Romans, qui en a fait l'un des fleurons de sa gastronomie, à consommer traditionnellement les jours de fête et, inévitablement, lors du repas qui clôture les moissons. Les recettes évoluent et le hachis de rave, assez rébarbatif, est très vite remplacé par une farce à base de fromage et d'herbes.

› Au XIXe siècle, les « ravioleuses » circulent de maison en maison lors des fêtes pour y confectionner les fameuses ravioles sans révéler le secret de leur fabrication… Ricotta, épinards, persil, chuchote-t-on. Il y a en fait autant de recettes que de cuisinières et chacune conserve jalousement le secret qui fait toute la différence ! Elles préparent ainsi des « grosses de ravioles » qu'elles présentent dans un panier spécial appelé « gavagne ». La grosse est une unité de mesure qui remonte au Moyen Âge et correspond à douze douzaines, soit 144 unités.

› Dès 1873, les gourmands se pressent pour les déguster dans le café-restaurant de la mère Maury, à Romans, dont la réputation se propage, dit-on, jusqu'à Lyon, pourtant haut lieu de la gastronomie. La Première Guerre mondiale marque la fin des ravioleuses et des « lundines » et « jeudines », jours de repos de certains commerçants et artisans ponctués de repas copieux où les ravioles étaient à l'honneur.

› En 1935, Émile Truchet construit la première machine à faire des ravioles. La farce d'origine mélange parmesan, persil et fromage blanc, puis le parmesan disparaît pour laisser la place au comté, fromage local moins onéreux et plus accessible. Certains prétendent même que le choix du comté eut pour but de renforcer le régionalisme de ces petits carrés dont les Italiens revendiquaient la paternité, alléguant que la farce devait sa subtilité à leur fromage ! Ce conflit en passe de devenir diplomatique fut balayé par la Seconde Guerre mondiale, qui provoqua la quasi-disparition de ces spécialités. Et il faut attendre 1953, date à laquelle Émile Truchet est convié à la foire de Romans avec sa fameuse machine, pour relancer le succès des ravioles, tombées en désuétude. Depuis, celles-ci se sont imposées à tel point que leur fabrication devient familiale et que beaucoup d'entre nous reprennent les gestes des ravioleuses d'antan.

› À chacun sa recette, rien n'est plus facile à confectionner que les ravioles et le coup de main se prend très vite. Si la base de la pâte est relativement limitée, la farce donne lieu à toutes les audaces. Généralement salées, parfois sucrées, les ravioles s'imposent sur nos tables et conquièrent petits et grands.

› Leur pâte très fine permet une cuisson rapide par pochage traditionnel dans un bouillon de poule. Il était en effet d'usage de servir les ravioles en entrée et, ensuite, la poule bouillie longuement afin de l'attendrir. Elles sont cuites dès qu'elles remontent à la surface.

› Ceci dit (les puristes vont hurler !), il est possible de les frire afin de les proposer à l'apéritif… seule entorse autorisée à la règle ! Mais, puisque nous osons innover en modifiant la célèbre farce de base, pourquoi s'arrêter là ?

LE MATÉRIEL

• Un robot ou un blender

Il permet de compacter la pâte à ravioles en quelques secondes. Mais il est tout à fait possible de la pétrir à la main.

• Les plaques à ravioles

Très pratiques pour mouler les petits carrés de façon harmonieuse. La plupart des plaques sont prévues pour 48 ravioles. À défaut, il est possible d'utiliser des plaques à raviolis, les carrés seront simplement plus gros.

• Les moules à chaussons

On trouve dans le commerce et par correspondance des kits à chaussons vendus par lot de quatre. Le plus petit, de 6 cm, convient parfaitement pour mouler de façon très facile les ravioles : il suffit de placer la pâte, puis la farce, de refermer le chausson : la raviole est prête ! D'accord, elle perd sa forme originelle et originale, mais le goût est préservé et c'est tellement simple que les enfants peuvent mettre la main à la pâte...

• Un rouleau à pâtisserie

Pour délimiter chaque raviole dans son moule. On peut aisément le remplacer par une bouteille farinée.

• Une petite roue dentelée

Pour marquer et séparer chaque raviole si celles-ci sont faites manuellement. Les petits créneaux des bordures apporteront aux ravioles un côté très professionnel...

• Une poche à douille

C'est plus facile pour farcir chaque raviole. Mais, à défaut, et si vous avez « la main », deux petites cuillères feront l'affaire. Il est également possible de verser la pâte dans un sachet de type congélation et d'en inciser un coin.

• Un mixeur

Pour réduire certaines farces en purée.

07 ravioles

RECETTE DE BASE DE LA PÂTE

La recette de base est simplissime : 1 œuf frais pour 100 g de farine. Pour réaliser 8 plaques à ravioles, donc 16 abaisses, on a besoin d'une pâte réalisée avec 400 g de farine, 4 œufs, 1 cuillerée à thé rase de sel, 2 cuillerées à soupe d'huile et 2 cuillerées à soupe d'eau. Pour les recettes sucrées, on divise la quantité de sel par 2.
On compte généralement 2 plaques à ravioles par personne en fonction de l'appétit… et du plat. Sachant que, si celles-ci étaient traditionnellement servies en entrée à une époque où les métiers physiques nécessitaient une nourriture plus riche, nous dégustons à présent plus facilement ce mets en plat de consistance.

Fabrication de la pâte

De nos jours, la plupart des cuisines sont équipées d'un robot ou mixeur ou blender, ce qui facilite réellement le pétrissage. Mais, à défaut, celui-ci peut tout à fait s'effectuer manuellement.

• Au robot

Placer farine et œufs, mixer. Lorsque le mélange devient une boule, verser lentement 2 cuillerées à soupe d'huile d'olive puis 2 cuillerées à soupe d'eau. On obtient une pâte élastique, compacte. Laisser reposer 30 minutes à température ambiante.

• À la main

Mettre la farine dans un saladier, faire un puits, casser les œufs au centre. Pétrir du bout des doigts durant 2 à 3 minutes puis à pleines mains lorsque la farine a absorbé les œufs. Ajouter alors 1 cuillerée à soupe d'huile d'olive, mélanger encore. La pâte prend forme et s'affine. Verser encore 1 cuillerée à soupe d'huile d'olive et 2 cuillerées à soupe d'eau et pétrir jusqu'à ce que le tout forme une boule jaune d'or qui n'adhère plus aux

doigts. Laisser reposer 30 minutes. Le secret des ravioles réussies, c'est une pâte très fine, presque translucide. Il faut veiller à bien fariner le plan de travail avant de l'étaler afin qu'elle n'adhère pas.

Important

La grosseur des œufs ainsi que la capacité d'absorption de la farine restent variables. Pour obtenir une boule qui ne colle plus, il est donc souvent nécessaire d'ajouter un peu de farine. De même, la pâte peut être trop friable. Dans ce cas, ajouter un peu d'eau froide pour l'unifier. La pâte doit être ferme et lisse.

Note

L'huile d'olive est facultative mais elle permet d'obtenir une pâte plus moelleuse et plus raffinée. Elle apporte également une meilleure souplesse à la pâte lors de sa mise en forme et raccourcit son pétrissage manuel. L'utilisation d'une huile de noix ou de noisette apportera une saveur subtile qui ravira les amateurs. À défaut, il est possible de la remplacer par 1 ou 2 cuillerées à soupe d'eau, jusqu'à obtenir la texture idéale. À chacun donc de doser le liquide, dont la mesure reste variable.

Il est possible ensuite de laisser libre cours à son imagination pour agrémenter l'aspect et le goût de la pâte. Envie d'innover, d'impressionner les convives ? En avant pour les couleurs !

Au niveau des couleurs

Les pâtes seront plus ou moins foncées selon la dose de l'ingrédient ajouté, qui ne doit jamais excéder 1 cuillerée à soupe pour 200 g de farine.

- Pour des ravioles salées

Concentré de tomates : pâte rosée à rouge.
Encre de seiche : pâte gris foncé à noire.
Pesto au basilic : pâte vert tendre.
Safran : pâte jaune pâle.
Purée de carottes ou de courge : pâte orange.
Jus de betterave : pâte rose.

15 › avioles

ravioles à la queue de bœuf effilochée

1 oignon / 1 carotte / 2 cuil. à soupe d'huile / 2 gousses d'ail / 2 morceaux de queue de bœuf (environ 450 g) / 20 cl de vin rouge corsé / 1 cuil. à café de sucre en poudre / 4 feuilles de laurier / Pâte à ravioles (p. 8) / 30 g de beurre frais / Sel, poivre.

4 PERS. — PRÉP. : 45 MIN — CUISS. : 1 H 30 MIN

1 › Éplucher et émincer l'oignon et la carotte. Les mettre à fondre dans l'huile dans une cocotte au fond antiadhésif.

2 › Lorsqu'ils sont bien colorés, ajouter l'ail écrasé et le bœuf. Tourner régulièrement afin que la viande dore sur toutes ses faces.

3 › Verser le vin et 50 cl d'eau bien chaude, délayer. Saupoudrer de sucre en poudre, saler et poivrer, émietter enfin les feuilles de laurier.

4 › Poursuivre la cuisson 1 bonne heure en remuant de temps à autre afin de vérifier que cela n'attache pas. Ajouter un peu d'eau si le liquide s'évapore trop vite : celui-ci doit affleurer.

5 › Pendant ce temps, abaisser la pâte.

6 › Égoutter soigneusement la viande qui s'est détachée des os et les légumes et placer le tout dans un saladier. Retirer les morceaux de feuilles de laurier. Jeter les os.

7 › Écraser le tout le plus finement possible avec une fourchette ou un écrase-purée.

8 › Déposer une noisette de ce hachis dans chaque raviole, recouvrir de l'autre abaisse. Délimiter.

9 › Ajouter 25 cl d'eau au bouillon restant. Lorsqu'il frémit, mettre les ravioles à cuire. Égoutter et conserver au chaud.

10 › Faire réduire le bouillon environ 10 minutes. Bien gratter le fond pour libérer les sucs.

11 › Servir les ravioles parsemées de copeaux de beurre frais et le bouillon à part en saucière : chaque convive les nappera à sa guise.

ravioles à la moelle de bœuf

6 os à moelle / 2 cuil. à soupe de sel gris de Guérande / 1,5 l de bouillon de bœuf / Pâte à ravioles (p. 8) / 30 g de beurre frais.

4 PERS. — PRÉP. : 45 MIN — CUISS. : 35 MIN

1 › Frotter chaque extrémité des os avec une pincée de sel de Guérande afin de fixer la moelle et les immerger dans le bouillon de bœuf frémissant.

2 › Pendant ce temps, abaisser la pâte à ravioles et foncer les plaques farinées.

3 › Au bout de 30 minutes, récupérer délicatement les os à l'aide d'une écumoire en veillant à ce que la moelle ne s'échappe pas. Conserver le bouillon à feu très doux.

4 › À l'aide d'un couteau à lame fine, extraire la moelle et la disposer sur une assiette.

5 › La couper en petits dés de la grosseur d'un demi-timbre.

6 › Farcir chaque raviole d'un dé et saupoudrer d'une petite pincée de sel gris de Guérande puis recouvrir de pâte et délimiter selon la technique choisie.

7 › Plonger les ravioles dans le bouillon frémissant. Les séparer doucement à l'aide d'une cuillère en bois. Elles remontent presque aussitôt à la surface.

8 › Égoutter et servir de suite en parsemant le dessus de copeaux de beurre frais.

Conseil

Les bouillons cubes déshydratés conviennent très bien pour cette recette. Il est parfois nécessaire de commander au boucher les os à moelle, peu onéreux mais pas toujours présents sur les étals. Le bouillon enrichi de parfum pourra servir de base à une soupe ou servir à cuire nouilles, riz, légumes…

ravioles à la viande de bœuf hachée

1 oignon / 2 cuil. à soupe d'huile / 250 g de bœuf haché / 1 cuil. à soupe de persil ciselé / 1/3 de cuil. à café de paprika / Pâte à ravioles (p. 8) / 1 cube de bouillon de bœuf / Sel, poivre.

4 PERS. — PRÉP. : 30 MIN — CUISS. : 25 MIN

1 › Éplucher et hacher finement l'oignon. Mettre l'huile à chauffer dans une poêle antiadhésive, y faire fondre les oignons à feu doux en remuant régulièrement.
2 › Lorsqu'ils sont translucides, ajouter la viande hachée. Mêler intimement, ajouter le persil, le paprika. Saler et poivrer. Cuire 10 minutes environ.
3 › Abaisser la pâte. Déposer une petite noisette de viande dans chaque raviole, les séparer.
4 › Faire cuire les ravioles dans un bouillon de bœuf frémissant et égoutter à l'aide d'une écumoire. Servir aussitôt.

Conseil
En ajoutant 1 cuillerée à café de paprika à la pâte de base, ces ravioles gagneront en subtilité.

ravioles à la viande des Grisons

10 tranches de viande des Grisons / 100 g de pignons de pin / Pâte à ravioles (p. 8) / 1 cube de bouillon de bœuf.

4 PERS. — PRÉP. : 35 MIN — CUISS. : 5 MIN

1 › Passer rapidement au mixeur la viande des Grisons et les pignons de pin. On obtient une boule assez compacte.
2 › Abaisser la pâte. Farcir et faire cuire ces ravioles dans le bouillon de bœuf frémissant jusqu'à ce qu'elles remontent à la surface.
3 › Égoutter et servir aussitôt.

Conseil
Il est possible de remplacer la viande des Grisons, assez onéreuse mais au goût incomparable, par un bon jambon cru. Prévoir dans ce cas 5 belles tranches. Inutile de saler ou de poivrer la farce, la viande séchée est suffisamment relevée.

› ravioles à la viande de bœuf hachée p. 19

ravioles au magret de canard fumé

10 tranches de magret de canard fumé / 4 cuil. à soupe de sirop d'érable / Pâte à ravioles (p. 8) / 1 cube de bouillon de poule / 30 g de beurre frais.

4 PERS. — PRÉP. : 20 MIN — CUISS. : 5 MIN

1 › Mixer rapidement les magrets et le sirop d'érable.
2 › Monter les ravioles avec ce hachis.
3 › Les faire cuire dans le bouillon de poule frémissant, égoutter.
4 › Servir aussitôt en parsemant ce plat de copeaux de beurre.

Conseil
Le sirop d'érable, spécialité canadienne par excellence, se trouve au rayon exotique des grandes surfaces. À défaut, il est possible de le remplacer par du miel, mais la recette y perdra en subtilité…

ravioles au confit de canard et confiture de figues

2 gros oignons / 6 cuil. à soupe de graisse de canard / Pâte à ravioles (p. 8) / 3 cuisses de canard confites / 3 cuil. à soupe de confiture de figues / 1 cube de bouillon de poule / Sel, poivre.

4 PERS. — PRÉP. : 35 MIN — CUISS. : 50 MIN

1 › Éplucher et émincer les oignons et les mettre à confire dans la graisse de canard fondue pour 40 minutes à feu très doux. Tourner fréquemment.
2 › Pendant ce temps, abaisser finement la pâte à ravioles.
3 › Prélever la chair de canard et la hacher sur une planche à découper à l'aide de deux couteaux.
4 › Lorsque les oignons sont confits, leur ajouter le canard puis la confiture de figues. Saler et poivrer. Remuer 2 à 3 minutes puis éteindre le feu.
5 › Farcir les ravioles de cette farce. Souder et couper, faire cuire dans le bouillon de poule frémissant. Égoutter et servir aussitôt.

› ravioles au confit de canard et confiture de figues

ravioles au coquelet
aux amandes

1 coquelet / 50 g de beurre / Une pincée de coriandre / Une pincée de quatre-épices / 30 cl de bouillon de volaille / Pâte à ravioles (p. 8) / 2 grosses cuil. à soupe de crème fraîche / 200 g de poudre d'amande / 1 cube de bouillon de poule / Sel, poivre.

4 PERS. — PRÉP. : 25 MIN — CUISS. : 50 MIN

1 › Couper le coquelet en deux et le faire dorer dans le beurre fondu dans une cocotte creuse. Lorsqu'il est bien coloré, ajouter la coriandre, le quatre-épices, saler et poivrer, verser le bouillon. Laisser mijoter à feu moyen 30 minutes.

2 › Pendant ce temps, étaler finement la pâte à ravioles.

3 › Retirer délicatement le coquelet. Ajouter la crème fraîche à la sauce restante et laisser mijoter sur feu très doux durant encore 10 minutes.

4 › Désosser le coquelet pour récupérer la chair. Passer celle-ci au mixeur avec la poudre d'amande et 2 cuillerées à soupe de liquide prélevées dans le bouillon.

5 › Farcir les ravioles avec ce mélange, souder, couper et cuire dans le bouillon de poule frémissant.

6 › Rectifier l'assaisonnement de la sauce, la présenter en saucière à côté des ravioles.

Conseil

Le curry dans la pâte de base des ravioles se marie à merveille avec cette farce.

ravioles au lapin en compotée

2 gousses d'ail / 1 carotte / 2 oignons / 2 beaux râbles de lapin / 100 g de lardons / 2 branches de thym frais / 4 feuilles de laurier / 50 cl de vin blanc sec / Pâte à ravioles (p. 8) / 1 cube de bouillon de poule / Sel, poivre.

4 PERS. — PRÉP. : 30 MIN — CUISS. : 1 H 40 MIN
REPOS : 3 H

1 › Éplucher l'ail et l'écraser. Peler la carotte pour la couper en tranches fines, ainsi que les oignons.

2 › Mettre ail, carotte, oignon, lapin, lardons, thym, laurier à mariner dans le vin blanc au frais pour 3 heures.

3 › Verser le tout dans une cocotte à fond épais, ajouter 30 cl d'eau, saler, poivrer et laisser mijoter 1 heure 30 minutes à feu doux en remuant régulièrement.

4 › Pendant ce temps, abaisser la pâte à ravioles.

5 › Retirer les râbles du lapin, prélever la chair. La passer au mixeur avec le contenu de la cocotte dont le liquide s'est évaporé, après avoir ôté le thym et le laurier.

6 › Farcir les ravioles de ce mélange. Souder et délimiter.

7 › Les faire cuire dans le bouillon de poule frémissant. Égoutter et servir de suite.

Conseil

Il est possible de parsemer ces ravioles de persil ciselé avant de les présenter.

ravioles à la farce de pintade

1 échalote / 50 g de beurre / 100 g de champignons au choix / 1 petite carotte / 2 cuil. à soupe de pignons de pin / 2 oranges / 1 petit verre à liqueur de Cointreau ou de Grand Marnier / 25 cl de bouillon de volaille / 1/2 pintade / Pâte à ravioles (p. 8) / 1 cube de bouillon de poule / Sel, poivre.

4 PERS. — PRÉP. : 30 MIN — CUISS. : 40 MIN

1 › Faire fondre l'échalote épluchée et hachée dans le beurre fondu dans une cocotte au fond antiadhésif.

2 › Pendant ce temps, préparer les champignons en brunoise : les passer rapidement sous l'eau après avoir ôté les pieds terreux et les détailler en tout petits dés. Faire de même pour la carotte épluchée. Ajouter le tout à l'échalote, bien remuer, mettre les pignons de pin, le jus des oranges, la liqueur, le bouillon de volaille. Saler et poivrer très modérément, le bouillon de volaille l'étant déjà.

3 › Couper la demi-pintade en plusieurs morceaux et les déposer dans la cocotte. Laisser cuire à feu doux durant 30 minutes en remuant régulièrement.

4 › Pendant ce temps, abaisser la pâte à ravioles.

5 › Récupérer les morceaux de pintade et prélever la chair. Placer celle-ci dans le mixeur ainsi que le reste des légumes de la cocotte, le bouillon devant s'être pratiquement évaporé. Farcir chaque raviole de cette farce. Couvrir de pâte, souder et découper.

6 › Mettre les ravioles à cuire dans le bouillon de poule frémissant. Égoutter et les plonger dans la cocotte en tournant bien pour les aromatiser avec le reste de bouillon. Servir aussitôt.

Conseil

Il est tout à fait possible d'utiliser des champignons déshydratés pour cette recette. Dans ce cas, se conformer aux conditions de réhydratation avant de les détailler.

ravioles au poulet sauce colombo

2 cuil. à soupe d'huile / 2 oignons / 2 cuisses de poulet ou 4 pilons / 2 cuil. à soupe de cive hachée ou, à défaut, de persil / 1 branche de thym / 2 gousses d'ail / 1 petit piment végétarien / 2 cuil. à soupe de poudre à colombo / 1 boîte de lait de coco / 2 cuil. à soupe de rhum blanc ou ambré / 1 citron (vert si possible) / 1/2 cuil. à café de coriandre en poudre / 1/2 cuil. à café de bois d'Inde / Pâte à ravioles (p. 8) / 1 cube de bouillon de poule / Sel, poivre.

4 PERS. — PRÉP. : 30 MIN — CUISS. : 55 MIN

1 › Mettre à chauffer l'huile dans une cocotte au fond antiadhésif, y faire revenir les oignons épluchés et ciselés. Lorsqu'ils deviennent translucides, déposer le poulet. Le faire dorer en remuant bien.
2 › Ajouter la cive ou le persil, le thym, l'ail, le piment entier, saupoudrer avec la poudre à colombo. Tourner pour enrober le poulet.
3 › Verser le contenu de la boîte de lait de coco. La remplir à deux reprises d'eau chaude et ajouter au reste. Bien délayer.
4 › Introduire alors le rhum, le jus du citron et les épices. Saler et poivrer modérément. Poursuivre la cuisson 30 minutes.
5 › Égoutter soigneusement le poulet en laissant le bouillon réduire encore 10 minutes environ à feu très doux.
6 › Pendant ce temps, abaisser la pâte à ravioles.
7 › Récupérer et découper très finement la chair de poulet. Mouiller avec 1 cuillerée à soupe de bouillon pour obtenir une farce et monter les ravioles.
8 › Les faire cuire dans le bouillon de poule frémissant. Les servir aussitôt accompagnées de la sauce colombo présentée en saucière, après en avoir retiré le thym et le piment.

Conseil
On trouve de nos jours ces produits tropicaux dans les grandes surfaces. La poudre à colombo est l'une des bases de la cuisine antillaise. Prendre garde à utiliser un piment végétarien et non pas son cousin plus petit, le piment oiseau, ou piment-féroce… qui porte très bien son nom : il emporte la bouche ! Il est possible d'ajouter dans la sauce 1 à 2 cuillerées à soupe de confiture de mangue ou de noix de coco, qui apporteront une douceur merveilleuse.

ravioles au suprême de poulet crémé

2 échalotes / 30 g de beurre / 2 beaux blancs de poulet / 3 cuil. à soupe de porto blanc / 25 cl de bouillon de volaille / 25 cl de crème fraîche épaisse / 2 cuil. à soupe de persil haché / Une pincée de muscade / 50 g de morilles déshydratées / Pâte à ravioles (p. 8) / 1 cube de bouillon de poule / Sel, poivre.

4 PERS. — PRÉP. : 30 MIN — CUISS. : 40 MIN

1 › Éplucher et ciseler les échalotes. Les mettre à suer dans le beurre fondu dans une poêle antiadhésive.

2 › Lorsqu'elles sont translucides, ajouter les blancs de poulet. Les faire dorer sur chaque face.

3 › Les déglacer au porto. Bien remuer, ajouter le bouillon de volaille, la crème fraîche et le persil, la muscade et les morilles déshydratées. Saler et poivrer. Couvrir partiellement et laisser cuire à feu doux pour 30 minutes environ.

4 › Pendant ce temps, abaisser la pâte à ravioles.

5 › Égoutter délicatement les blancs de poulet en laissant le reste mijoter à feu très doux et les passer au mixeur avec 4 cuillerées à soupe de liquide. Monter les ravioles avec cette farce.

6 › Faire cuire les ravioles dans un bouillon de poule frémissant. Égoutter. Les parsemer des morilles récupérées à l'aide d'une écumoire, et servir aussitôt avec la sauce présentée en saucière.

Conseil

Vous pouvez utiliser des cèpes ou même des girolles déshydratées, moins onéreuses, ou encore n'importe quels champignons frais, si vous avez la chance d'avoir fait une bonne cueillette !

ravioles au boudin noir

Pâte à ravioles (p. 8) / 3 boudins noirs / 1 cube de bouillon de poule / 30 g de beurre frais / 2 cuil. à soupe de cerfeuil ciselé.

4 PERS. — PRÉP. : 15 MIN — CUISS. : 5 MIN

1 › Abaisser finement la pâte à ravioles.
2 › Détailler les boudins en petits cubes après avoir retiré leur peau. Garnir chaque raviole d'un cube et recouvrir avec l'autre abaisse de pâte. Souder et couper.
3 › Faire cuire ces ravioles dans le bouillon de poule, égoutter et servir en les parsemant de copeaux de beurre et de cerfeuil ciselé.

Conseil
Nul besoin d'assaisonner ces ravioles, le boudin l'est assez. Les amateurs de plats plus épicés peuvent opter pour le boudin antillais, beaucoup plus relevé. Comme ces boudins sont beaucoup plus petits, en prévoir 6.

ravioles à la chair à saucisse, sauce à la sauge

Pâte à ravioles (p. 8) / 200 g de chair à saucisse / 100 g de pistaches décortiquées non salées / 25 cl de crème fraîche liquide / 8 feuilles de sauge fraîche ou 1 cuil. à café de sauge déshydratée / 25 g de parmesan râpé / 1 cube de bouillon de poule / Sel, poivre.

4 PERS. — PRÉP. : 20 MIN — CUISS. : 20 MIN

1 › Abaisser la pâte à ravioles.
2 › Farcir d'une noisette de chair à saucisse. Enfoncer dedans 2 pistaches. Recouvrir de pâte, souder et découper.
3 › Dans une petite casserole à fond épais, faire chauffer la crème liquide. Y jeter les feuilles de sauge, saler et poivrer. Laisser réduire 10 minutes à feu très doux, incorporer le parmesan, bien remuer.
4 › Cuire les ravioles dans le bouillon de poule frémissant, égoutter. Napper de sauce à la sauge et servir.

› ravioles au boudin noir

ravioles au jambon cru
et aux noix

6 tranches de jambon cru / 150 g de ricotta / 100 g de cerneaux de noix / Pâte à ravioles (p. 8) / 1 cube de bouillon de poule / 30 g de beurre frais.

4 PERS. — PRÉP. : 15 MIN — CUISS. : 5 MIN

1 › Passer le jambon cru, la ricotta et les noix rapidement au mixeur.
2 › Abaisser finement la pâte à ravioles. Farcir avec ce hachis. Couvrir et souder, découper.
3 › Faire cuire les ravioles dans le bouillon de poule frémissant.
4 › Servir le plat parsemé de copeaux de beurre.

Conseil

La ricotta est un fromage frais italien élaboré à partir de lait de brebis ou de bufflonne, et aussi de chèvre ou de vache. Tous les choix sont donc possibles selon les goûts !

ravioles au jambon au torchon et aux olives vertes

4 tranches de jambon au torchon / 100 g d'olives vertes dénoyautées / 2 cuil. à soupe d'huile d'olive / Une pincée de coriandre en poudre / Pâte à ravioles (p. 8) / 1 cube de bouillon de poule / Sel, poivre.

4 PERS. — PRÉP. : 15 MIN — CUISS. : 5 MIN

1 › Passer au mixeur les tranches de jambon, les olives, l'huile d'olive et la coriandre, une pointe de sel et de poivre. Monter les ravioles.
2 › Les cuire dans le bouillon de poule frémissant. Égoutter et servir aussitôt.

ravioles au hachis de filet mignon persillé

3 tranches de filet mignon de porc / 2 cuil. à soupe d'huile / 3 gousses d'ail / 4 cuil. à soupe de persil haché / 25 cl de bouillon de veau / 10 cl de vin blanc sec / 10 cl de crème fraîche liquide / Pâte à ravioles (p. 8) / 1 cube de bouillon de poule / 2 jaunes d'œufs / 1 cuil. à soupe rase de fécule de maïs / Sel, poivre.

4 PERS. — PRÉP. : 30 MIN — CUISS. : 35 MIN

1 › Dans une cocotte à fond antiadhésif, faire revenir la viande dans l'huile pour la dorer sur toutes ses faces. Ajouter l'ail pelé et pilé, le persil, le bouillon de veau, le vin blanc, la crème fraîche. Saler et poivrer modérément, le bouillon l'étant déjà.

2 › Laisser mijoter à feu doux environ 20 minutes.

3 › Pendant ce temps, abaisser la pâte à ravioles et foncer les plaques farinées.

4 › Égoutter les tranches de filets en laissant le bouillon réduire encore, les passer au mixeur avec 3 cuillerées à soupe de liquide pour lier.

5 › Farcir chaque raviole d'une noisette de ce mélange, recouvrir du reste de pâte, souder et délimiter.

6 › Cuire les ravioles dans le bouillon de poule frémissant.

7 › Égoutter, conserver au chaud le temps de préparer la sauce : dans un bol, fouetter les jaunes d'œufs et la fécule de maïs en délayant avec 2 cuillerées à soupe de liquide et verser le tout dans la cocotte en remuant vivement. Le bouillon épaissit aussitôt. Arrêter le feu et présenter cette sauce à côté des ravioles.

ravioles à la cervelle d'agneau et au Cointreau

3 cervelles d'agneau / Pâte à ravioles (p. 8) / 100 g de beurre / 3 cuil. à soupe de Cointreau / 2 cuil. à soupe de persil ciselé / 1 cube de bouillon de poule / Sel, poivre.

4 PERS. — PRÉP. : 20 MIN — CUISS. : 15 MIN

1 › Faire tremper les cervelles à l'eau froide jusqu'à ce qu'elles soient bien blanches pour les débarrasser de leurs peaux.
2 › Les mettre délicatement dans une petite casserole d'eau frémissante pour 5 minutes. Éteindre le feu et attendre encore 5 minutes avant de les égoutter.
3 › Étaler finement la pâte à ravioles.
4 › Placer 30 g de beurre à fondre dans une poêle antiadhésive. Y faire revenir rapidement les cervelles en les écrasant grossièrement, ajouter le Cointreau, mélanger, saler et poivrer.
5 › Farcir chaque raviole d'un peu de cervelle. Recouvrir de l'autre abaisse de pâte, souder et découper.
6 › Mettre le reste du beurre dans la poêle et, lorsqu'il grésille, ajouter le persil, tourner, éteindre le feu.
7 › Cuire les ravioles dans le bouillon de poule frémissant. Égoutter et servir en les nappant de beurre persillé.

Conseil

À défaut de Cointreau, le jus d'une mandarine, voire d'une orange, aromatisera finement ces ravioles.

ravioles aux foies de volaille, cognac et beurre demi-sel

200 g de foies de volaille / 25 cl de bouillon de volaille bien relevé / Pâte à ravioles (p. 8) / 150 g de beurre demi-sel / 2 cuil. à soupe de cognac / 1 cube de bouillon de poule / Sel, poivre.

• • • ››› 4 PERS. — PRÉP. : 20 MIN — CUISS. : 15 MIN

1 › Nettoyer les foies de volaille en retirant les filaments blancs. Les immerger dans le bouillon de volaille frémissant pour 10 minutes environ. Éteindre le feu en les laissant tiédir.
2 › Étaler finement la pâte à ravioles.
3 › Égoutter les foies de volaille en conservant le bouillon de cuisson, les passer vivement au mixeur avec le beurre et le cognac afin d'obtenir une purée très lisse. Saler et poivrer. Mixer encore.
4 › Farcir chaque raviole d'un petit tas de cette farce, recouvrir de pâte. Souder et découper.
5 › Cuire les ravioles dans le bouillon de poule frémissant. Égoutter et servir aussitôt en nappant avec un peu de jus de cuisson des foies.

ravioles au foie gras

Pâte à ravioles (p. 8) / 200 g de foie gras / 1 cube de bouillon de poule.

• • • ››› 4 PERS. — PRÉP. : 20 MIN — CUISS. : 5 MIN

1 › Abaisser finement la pâte à ravioles.
2 › Couper le foie gras en petits morceaux. En farcir chaque raviole, couvrir de pâte, marquer la soudure et découper.
3 › Faire cuire dans le bouillon de poule frémissant. Égoutter et servir aussitôt.

Conseil
Inutile de saler ou de poivrer ces ravioles sublimes, le foie gras l'est déjà. À réserver pour les plats festifs…

› ravioles au foie gras

ravioles aux gésiers et ail confits

200 g de gésiers frais de volaille / 1 petit bocal de graisse d'oie ou de canard / 4 feuilles de laurier / 1 tête d'ail (environ 15 gousses) / Pâte à ravioles (p. 8) / 1 cube de bouillon de poule / Sel, poivre.

4 PERS. — PRÉP. : 30 MIN — CUISS. : 1 H 35 MIN

1 › Nettoyer les gésiers en les rinçant rapidement sous l'eau froide et en retirant la pellicule jaune qui adhère à la peau si nécessaire.
2 › Mettre la graisse d'oie ou de canard à fondre à feu doux dans une casserole profonde (à cause des éventuelles projections) à fond épais. Y plonger les gésiers et les feuilles de laurier et laisser confire 1 heure.
3 › Ajouter les gousses d'ail non épluchées et poursuivre la cuisson 30 minutes.
4 › Pendant ce temps, étaler finement la pâte à ravioles.
5 › À l'aide d'une écumoire, retirer délicatement gésiers et gousses de la graisse. Laisser tiédir.
6 › Écraser doucement chaque gousse avec le plat d'un couteau pour faire sortir la pulpe en purée.
7 › Mixer grossièrement les gésiers et la pulpe d'ail. Saler et poivrer.
8 › Farcir chaque raviole de ce hachis, recouvrir de pâte, souder et découper.
9 › Cuire les ravioles dans le bouillon et servir aussitôt.

Conseil
La graisse d'oie ou de canard se conserve très bien. Il suffit de la transvaser dans son bocal et de la garder au frais. On trouve des gésiers au rayon volaille ou encore congelés, à des prix très attractifs.

ravioles aux ris de veau crémés au porto et à l'estragon

3 ris de veau / 2 échalotes / 30 g de beurre / 3 cuil. à soupe de porto blanc / 1 petite branche d'estragon / 25 cl de crème fraîche épaisse / Pâte à ravioles (p. 8) / 1 cube de bouillon de poule / Sel, poivre.

••• ››› 4 PERS. — PRÉP. : 30 MIN — CUISS. : 40 MIN

1 › Placer les ris de veau pour 15 minutes dans une petite casserole d'eau frémissante. Les égoutter et nettoyer les petites peaux.

2 › Éplucher et émincer les échalotes. Mettre le beurre à fondre dans une poêle. Lorsqu'il grésille, ajouter les échalotes jusqu'à ce qu'elles deviennent translucides. Passer les ris de veau dans la poêle sur toutes leurs faces. Déglacer avec le porto blanc. Ajouter la branche d'estragon, verser la crème fraîche. Saler et poivrer.

3 › Laisser mijoter 10 minutes environ à feu très doux.

4 › Pendant ce temps, abaisser finement la pâte à ravioles.

5 › Retirer délicatement les ris de veau en laissant la sauce réduire.

6 › Placer un petit morceau de ris de veau dans chaque raviole, recouvrir de pâte. Souder et délimiter chaque raviole.

7 › Cuire dans le bouillon de poule frémissant. Égoutter.

8 › Mettre la sauce dans un bol en la débarrassant de la branche d'estragon et servir avec les ravioles.

À savoir

Le ris de veau est la glande thymus de l'animal, placée sur la gorge, et qui disparaît lorsqu'il grandit, d'où sa rareté relative et son prix assez élevé.

ravioles aux cèpes aillés

400 g de jeunes cèpes / 80 g de beurre frais / 6 gousses d'ail pelées et pilées / 3 cuil. à soupe de persil haché / Pâte à ravioles (p. 8) / 1 cube de bouillon de poule / Sel, poivre.

4 PERS. — PRÉP. : 20 MIN — CUISS. : 25 MIN

1 › Laver et couper les bouts terreux des champignons. Les couper en morceaux et les faire revenir à sec dans une poêle antiadhésive. Ils vont perdre une bonne partie de leur eau.
2 › Lorsqu'ils commencent à accrocher, ajouter 50 g de beurre. Bien remuer. Saupoudrer d'ail pilé et de persil, saler et poivrer. Poursuivre la cuisson environ 10 minutes.
3 › Pendant ce temps, étaler la pâte à ravioles.
4 › Retailler les cèpes s'ils sont trop gros pour farcir les ravioles et recouvrir celles-ci de la seconde abaisse de pâte. Souder et découper.
5 › Cuire les ravioles dans le bouillon de poule frémissant, les égoutter et les servir aussitôt parsemées de copeaux de beurre.

Conseil
Éviter les cèpes congelés gorgés d'eau et les vieux cèpes trop mousseux. Choisir de jeunes cèpes bien fermes.

45 › ravioles

ravioles aux coulemelles crémées

4 belles coulemelles / 500 g de crème fraîche entière / Muscade en poudre / 100 g de beurre / 8 cuil. à soupe de ciboulette hachée / Pâte à ravioles (p. 8) / 1 cube de bouillon de poule / Sel, poivre.

4 PERS. — PRÉP. : 20 MIN — CUISS. : 25 MIN

1 › Retirer les pieds durs et fibreux des coulemelles, nettoyer très soigneusement les chapeaux en brossant le dessus et en secouant les lamelles fragiles afin de les débarrasser des impuretés.
2 › Les disposer sur la plaque du four, lamelles au-dessus. Badigeonner généreusement de crème fraîche épaisse, saupoudrer de muscade, saler et poivrer. Mettre à cuire pour 20 minutes environ à 180 °C (th. 6).
3 › À l'aide d'une fourchette, écraser le beurre en y incorporant la ciboulette. Saler et poivrer, façonner en un boudin grossier.
4 › Étaler la pâte à ravioles. Farcir d'une noisette de beurre à la ciboulette hachée, recouvrir de l'autre abaisse. Souder puis découper.
5 › Cuire les ravioles dans le bouillon de poule frémissant. Égoutter.
6 › Disposer dans chaque assiette une coulemelle, et une part de ravioles au centre. Servir de suite.

À savoir

Les coulemelles ou lépiotes élevées sont des champignons à très longue tige mince et au chapeau démesuré. Spectaculaires, elles poussent en bordure des bois le plus souvent et se voient de loin ! Leur chair est ferme et onctueuse.

Conseil

Ce plat original peut être agrémenté de tête de moine, ce fromage qui se présente en copeaux larges et circulaires. Déposer un grand copeau sur les ravioles, l'effet sera saisissant.

ravioles aux girolles et à la crème de persil

400 g de girolles fraîches ou congelées / 30 g de beurre frais / 3 gousses d'ail / Une pincée de muscade / Pâte à ravioles (p. 8) / 1 petit bouquet de persil / 250 g de crème fraîche épaisse / 1 cube de bouillon de poule / Sel, poivre.

4 PERS. — PRÉP. : 20 MIN — CUISS. : 25 MIN

1 › Nettoyer les girolles si elles sont fraîches en coupant les pieds terreux et en les brossant légèrement sous un filet d'eau.

2 › Faire fondre le beurre dans une poêle antiadhésive, y jeter les champignons (frais ou congelés). Les laisser rendre leur eau durant environ 10 minutes puis ajouter l'ail pilé et laisser dorer quelques minutes encore. Saler et poivrer. Ajouter la muscade. Bien remuer et éteindre le feu.

3 › Abaisser finement la pâte à ravioles.

4 › Mixer le persil sans les queues avec la crème fraîche épaisse. Saler et poivrer. Mettre ce mélange à chauffer très doucement dans une petite casserole.

5 › Détailler les girolles en petits morceaux, en farcir les ravioles. Recouvrir de pâte, souder et découper.

6 › Cuire ces ravioles dans le bouillon de poule frémissant. Égoutter et servir nappées de crème de persil.

ravioles aux morilles et à la crème fraîche

200 g de morilles fraîches ou 50 g de morilles déshydratées / 20 g de beurre / Pâte à ravioles (p. 8) / 20 cl de crème fraîche liquide / 1 cube de bouillon de poule / Sel, poivre.

4 PERS. — PRÉP. : 20 MIN — CUISS. : 30 MIN
REPOS : 30 MIN

1 › Préparation des morilles fraîches : couper les pieds terreux, rincer rapidement dans de l'eau froide pour éliminer le sable des alvéoles. Égoutter soigneusement. Couper les plus grosses en deux ou en quatre.

2 › Préparation des morilles séchées : les mettre dans un bol et les recouvrir d'eau. Elles vont se réhydrater en 20 à 30 minutes. Ensuite, les rincer et les remuer sous l'eau pour éliminer le sable. Égoutter.

3 › Faire fondre le beurre dans une poêle, ajouter les morilles. Laisser cuire à feu doux durant 10 minutes.

4 › Pendant ce temps, abaisser finement la pâte à ravioles puis placer la crème liquide dans une petite casserole et la porter à ébullition. Verser alors la crème sur les morilles. Faire épaissir 15 petites minutes et éteindre le feu. Saler et poivrer, remuer puis récupérer soigneusement les morilles sans la sauce.

5 › À l'aide de deux couteaux, hacher grossièrement les morilles. Placer un petit tas au centre de chaque raviole et refermer avec la pâte restante. Souder et délimiter.

6 › Cuire ces ravioles dans le bouillon de poule frémissant. Égoutter et faire revenir très rapidement dans la poêle afin qu'elles s'enrobent de crème. Servir aussitôt.

ravioles aux pleurotes
et au basilic

350 g de pleurotes / 2 cuil. à soupe d'huile d'olive / 2 gousses d'ail pilées / Pâte à ravioles (p. 8) / 1 branche de basilic / 1 cube de bouillon de poule / Sel, poivre.

4 PERS. — PRÉP. : 25 MIN — CUISS. : 25 MIN

1 › Nettoyer les champignons et retirer les bouts terreux. Faire chauffer l'huile d'olive dans une poêle, y jeter les champignons coupés en morceaux. Bien remuer. Ajouter l'ail pilé.
2 › Abaisser la pâte à ravioles.
3 › Hacher finement le basilic. Lorsque les champignons ont rendu toute leur eau, remuer 2 à 3 minutes afin qu'ils dorent un peu et saupoudrer de basilic. Saler et poivrer.
4 › Renverser les champignons sur une planche à découper pour les hacher le plus finement possible à l'aide de deux couteaux.
5 › Déposer un petit tas de ce hachis sur chaque raviole, recouvrir de l'autre abaisse de pâte. Fermer hermétiquement et découper.
6 › Cuire ces ravioles dans le bouillon de poule frémissant, égoutter.
7 › Servir aussitôt.

À savoir
Le pleurote est un champignon délicieux que l'on trouve d'octobre à mars sur les souches ou les troncs des feuillus comme le chêne ou le charme.

› ravioles aux pleurotes
et au basilic p. 49

ravioles aux pieds-de-mouton à la crème de thym

300 g de pieds-de-mouton frais (ou de girolles) / 50 g de beurre / Pâte à ravioles (p. 8) / 25 cl de crème fraîche liquide / 1 petite branche de thym frais / 1 cube de bouillon de poule / Sel, poivre.

4 PERS. — PRÉP. : 15 MIN — CUISS. : 25 MIN

1 › Nettoyer les champignons en coupant le pied terreux et en les frottant délicatement, sans endommager les petites piques caractéristiques sous le chapeau. Couper les plus gros en deux ou en quatre. Mettre à revenir dans le beurre fondu dans une poêle antiadhésive. Tourner régulièrement : ils rendent assez peu d'eau comparativement aux autres champignons.
2 › Étaler finement la pâte à ravioles.
3 › Verser la crème liquide dans une petite casserole, saler et poivrer, immerger la branche de thym. Laisser infuser à feu doux durant 15 minutes.
4 › Lorsque les champignons sont cuits, les détailler en petits cubes et en farcir les ravioles. Recouvrir de pâte, souder et détailler.
5 › Cuire les ravioles dans le bouillon de poule frémissant, puis égoutter dans un plat creux. Napper de la crème fraîche débarrassée de son thym, remuer et servir aussitôt.

Conseil
On peut avantageusement remplacer le thym par une branche de serpolet, son cousin sauvage aux saveurs de garrigue que l'on trouve de juin à octobre et que l'on reconnaît, outre son parfum puissant, par ses petites fleurs bleu pourpre.

ravioles à l'emmental fruitier et au miel

300 g d'emmental fruitier / 10 cl de miel dur / Pâte à ravioles (p. 8) / 1 cube de bouillon de poule / 30 g de beurre / Sel, poivre.

4 PERS. — PRÉP. : 15 MIN — CUISS. : 5 MIN

1 › Détailler l'emmental en petits dés au format des ravioles.
2 › Abaisser finement la pâte à ravioles, garnir chaque alvéole d'un dé de fromage puis le tartiner d'un peu de miel.
3 › Couvrir avec l'autre abaisse, souder puis découper.
4 › Cuire ces ravioles dans le bouillon de poule frémissant, égoutter dans un plat creux et parsemer de noisettes de beurre frais. Saler et poivrer. Servir bien chaud.

Conseil
Ne pas employer de miel liquide pour cette recette : il coulerait partout et empêcherait la soudure entre chaque raviole !

ravioles au fromage de chèvre

8 crottins de Chavignol mi-fermes / Pâte à ravioles (p. 8) / Origan déshydraté / 1 cube de bouillon de poule / 30 g de beurre / Sel, poivre.

4 PERS. — PRÉP. : 15 MIN — CUISS. : 5 MIN

1 › Trancher les petits fromages dans le sens horizontal puis les détailler en dés au format des ravioles.
2 › Étaler finement la pâte à ravioles, garnir de dés de crottin. Saupoudrer chaque alvéole d'origan séché. Recouvrir de pâte, souder et découper.
3 › Cuire les ravioles dans le bouillon de poule frémissant, les égoutter.
4 › Disposer dans un plat et parsemer de copeaux de beurre frais. Servir de suite, sinon le fromage risque de durcir.

Conseil
Selon les goûts et les disponibilités du marché, il est possible de remplacer les crottins de Chavignol par un autre fromage de chèvre, plus ou moins frais, voire de la bûche ou même du brie de chèvre.

ravioles au fromage frais et aux noix

400 g de cerneaux de noix / 16 petits carrés de fromage frais / 1/2 cuil. à café de paprika / Pâte à ravioles (p. 8) / 1 cube de bouillon de poule / 30 g de beurre frais / Sel, poivre.

4 PERS. — PRÉP. : 15 MIN — CUISS. : 5 MIN

1 › Passer les cerneaux de noix au mixeur rapidement et arrêter avant qu'ils ne se transforment en poudre.
2 › Dans un grand plat creux, écraser les carrés de fromage frais en incorporant les noix hachées et le paprika. Saler et poivrer.
3 › Étaler finement la pâte et farcir chaque raviole de ce mélange. Couvrir avec l'autre abaisse de pâte, souder et détailler.
4 › Cuire ces ravioles dans le bouillon de poule frémissant. Égoutter et les servir aussitôt, parsemées de copeaux de beurre.

ravioles au munster et à la poire

2 munsters entiers / 8 poires fermes de type Williams ou comice / Pâte à ravioles (p. 8) / 1 cube de bouillon de poule / 2 cuil. à soupe de crème fraîche épaisse / 1/2 cuil. à café de cannelle en poudre / Sel, poivre.

4 PERS. — PRÉP. : 25 MIN — CUISS. : 5 MIN

1 › Couper le munster en quatre et retirer soigneusement la croûte. Le détailler en petits dés.
2 › Peler et trancher les poires. Ajuster les tranches en les retaillant au format des ravioles.
3 › Abaisser la pâte à ravioles finement. Farcir de 1 morceau de poire, puis 1 dé de munster. Rabattre l'autre abaisse de pâte, souder puis découper.
4 › Pocher les ravioles dans le bouillon de poule frémissant, égoutter.
5 › Disposer dans un plat creux, ajouter la crème fraîche épaisse, saler, poivrer, saupoudrer la cannelle en poudre. Bien remuer et servir.

› ravioles au munster et à la poire p. 55

ravioles au reblochon et au cumin

1 reblochon entier / Pâte à ravioles (p. 8) / 2 cuil. à soupe de graines de cumin / 1 cube de bouillon de poule / 2 cuil. à soupe de crème fraîche épaisse / Sel, poivre.

4 PERS. — PRÉP. : 20 MIN — CUISS. : 5 MIN

1 › Couper le reblochon en quatre et retirer soigneusement la croûte. Le couper ensuite en petits dés.
2 › Étaler finement la pâte à ravioles. Farcir de 1 dé de fromage, saupoudrer de cumin. Rabattre l'autre abaisse, souder et découper.
3 › Pocher ces ravioles dans le bouillon de poule frémissant, égoutter. Disposer dans un plat creux, ajouter la crème fraîche épaisse, saler et poivrer modérément, bien remuer. Servir aussitôt.

Conseil
Choisir de préférence un reblochon fruitier, beaucoup plus parfumé, pour cette recette savoureuse.

ravioles au roquefort et à la crème fraîche

400 g de roquefort / 125 g de crème fraîche épaisse / Pâte à ravioles (p. 8) / 1 cube de bouillon de poule / 30 g de beurre frais.

4 PERS. — PRÉP. : 15 MIN — CUISS. : 5 MIN

1 › Dans un plat creux, écraser grossièrement à la fourchette le roquefort et la crème fraîche.
2 › Abaisser finement la pâte à ravioles. La farcir de ce mélange, recouvrir de pâte, souder et découper.
3 › Cuire ces ravioles dans le bouillon de poule frémissant, égoutter.
4 › Servir de suite, en parsemant l'ensemble de copeaux de beurre frais.

Conseil
Cette recette est un bon moyen de recycler les bords de roquefort un peu secs. Un peu de poudre d'amande dans la pâte à raviole apportera une touche très raffinée. À servir absolument avec une salade de mâche bien relevée !

› ravioles au roquefort et à la crème fraîche

ravioles au crabe, sauce crevette

450 g de chair de crabe au naturel / Pâte à ravioles (p. 8) / 20 cl de crème fraîche liquide / 125 g de petites crevettes roses décortiquées congelées / 2 cuil. à soupe de persil haché / 1 cube de fumet de poisson / Sel, poivre.

4 PERS. — PRÉP. : 15 MIN — CUISS. : 15 MIN

1 › Effilocher la chair de crabe.
2 › Étaler la pâte à ravioles. Farcir d'une petite noisette de chair de crabe. Rabattre l'autre abaisse, souder et découper.
3 › Dans une petite casserole, faire chauffer la crème liquide avec les crevettes (décongelées ou non). Saler et poivrer, ajouter le persil. Lorsque la crème bout depuis 5 minutes, la passer au mixeur et la remettre à chauffer à feu très doux.
4 › Faire pocher les ravioles dans le fumet de poisson frémissant. Égoutter.
5 › Servir aussitôt ces ravioles raffinées nappées de la sauce crémée aux crevettes.

ravioles au calamar citronné

500 g de blanc de calamars frais ou congelé / 3 cuil. à soupe d'huile d'olive / 5 gousses d'ail / 4 cuil. à soupe de persil ciselé / 3 citrons / 3 cl de vin blanc / Pâte à ravioles (p. 8) / 1 cube de fumet de poisson / Sel, poivre.

4 PERS. — PRÉP. : 20 MIN — CUISS. : 40 MIN

1 › Rincer et sécher les calamars. Faire chauffer l'huile d'olive dans une grande poêle à fond antiadhésif. Ajouter les calamars, les gousses d'ail pelées et pilées, le persil et le jus des citrons. Bien remuer.
2 › Laisser cuire à feu vif environ 20 minutes jusqu'à ce que toute l'eau rendue soit évaporée. Mouiller avec le vin blanc, saler et poivrer. Poursuivre la cuisson 15 minutes puis éteindre le feu.
3 › Abaisser la pâte à ravioles.
4 › Mixer rapidement le contenu de la poêle pour obtenir un hachis grossier. En farcir chaque raviole, couvrir de la seconde abaisse de pâte, souder et détailler.
5 › Cuire ces ravioles dans le fumet de poisson frémissant et servir aussitôt.

ravioles à la nage de homard ou à la langouste

2 carottes / 1 branche de céleri / 2 oignons / 1 blanc de poireau / 50 g de beurre frais / 1 l de fumet de poisson / 2 homards ou 2 langoustes de 500 g chacun / Pâte à ravioles (p. 8) / 20 cl de crème fraîche épaisse / 1 petit verre à liqueur de cognac / Sel, poivre.

••• ››› 4 PERS. — PRÉP. : 50 MIN — CUISS. : 45 MIN

1 › Préparer les légumes en brunoise après les avoir épluchés et rincés. Dans une grande marmite, faire fondre le beurre, y jeter la brunoise de légumes. Bien remuer jusqu'à ce qu'elle commence à dorer.

2 › Verser le fumet de poisson d'un seul coup, laisser chauffer. Lorsqu'il frémit, immerger les homards ou les langoustes. Au bout de 10 minutes environ, ils ont pris une belle teinte rouge. Les sortir délicatement en les égouttant, les déposer sur un grand plat. Laisser tiédir. Le fumet doit continuer à réduire à feu modéré.

3 › Abaisser la pâte à ravioles.

4 › À l'aide de ciseaux de cuisine, ouvrir les carapaces des crustacés. Récupérer la chair des queues, réserver. Gratter tout le corail et l'intérieur des têtes et des pinces s'il s'agit de homards (les langoustes ne possèdent pas de pinces !) et ajouter au fumet.

5 › Détailler les queues en petits dés. En farcir les ravioles et recouvrir avec la pâte restante. Souder et découper.

6 › Filtrer le fumet de poisson et presser les légumes afin de récupérer les sucs. Remettre à chauffer, ajouter la crème fraîche et le cognac et laisser réduire encore environ 10 minutes.

7 › Pocher les ravioles dans ce velouté, éteindre le feu dès qu'elles remontent à la surface.

8 › Servir aussitôt en soupière ou dans des bols individuels cette nage somptueuse aux ravioles.

Conseil

Si les homards ou langoustes utilisés pour cette recette sont vivants, les placer au congélateur 15 bonnes minutes avant de les cuire. Le froid les anesthésiera et ils souffriront moins. Pour une entrée de fête, couvrir des bols passant au four de pâte feuilletée dorée au jaune d'œuf, faire cuire 15 minutes à four chaud, à 180 °C (th. 6) et servir ces merveilles…

Un peu long à préparer, un peu onéreux, mais un mets de choix pour un repas ou un dîner festif. De la grande cuisine !

› ravioles à la nage de homard ou à la langouste p. 61

ravioles aux crevettes
ou gambas ou écrevisses ou ouassous

3 oignons / 2 cuil. à soupe d'huile d'olive / 1 kg de crevettes (ou gambas ou écrevisses ou ouassous) entières, fraîches ou congelées / 1 petit verre de cognac ou de rhum / Une grosse pincée de bois d'Inde / 20 cl de vin blanc sec / Pâte à ravioles (p. 8) / 25 cl de crème fraîche épaisse / 1 cube de fumet de poisson / Sel, poivre.

4 PERS. — PRÉP. : 40 MIN — CUISS. : 30 MIN

1 › Éplucher et émincer les oignons. Faire chauffer l'huile dans une grande poêle à fond antiadhésif. Y faire dorer les oignons, ajouter les crevettes (ou autres) fraîches ou congelées. Bien remuer.

2 › Lorsque les crevettes rougissent, flamber avec le cognac ou le rhum. Saupoudrer de bois d'Inde, mouiller avec le vin blanc sec. Poursuivre la cuisson 8 à 10 minutes.

3 › Abaisser finement la pâte à ravioles.

4 › Laisser tiédir le contenu de la poêle, puis récupérer les crevettes une à une pour les décortiquer : réserver les queues de côté et presser les têtes au-dessus d'un petit bol pour récupérer les sucs.

5 › Incorporer ces sucs au contenu de la poêle, verser la crème fraîche épaisse, remuer, faire épaissir à feu très doux.

6 › Farcir chaque raviole d'une queue de crevette en la coupant en deux si nécessaire. Couvrir avec la seconde abaisse de pâte, souder puis découper.

7 › Faire pocher ces ravioles dans le fumet de poisson frémissant. Égoutter, disposer dans un plat creux et napper de sauce.

8 › Servir brûlant.

À savoir

Les ouassous sont de grosses crevettes d'eau douce que l'on trouve dans les rivières antillaises.

65 › ravioles

ravioles au cabillaud,
sauce curry

400 g de cabillaud / 5 échalotes / 50 g de beurre / 2 cuil. à soupe rases de curry en poudre / 20 cl de vin blanc / Pâte à ravioles (p. 8) / 250 g de crème fraîche épaisse / 1 cube de bouillon de poule / 10 feuilles de cerfeuil environ / Sel, poivre.

4 PERS. — PRÉP. : 30 MIN — CUISS. : 30 MIN

1 › Détailler le poisson en gros dés. Éplucher et émincer les échalotes. Faire fondre le beurre dans une poêle à fond antiadhésif. Y faire revenir cubes de poisson et échalotes en remuant environ 10 minutes puis saupoudrer de poudre de curry et mouiller avec le vin blanc. Saler et poivrer.

2 › Poursuivre la cuisson jusqu'à ce que le poisson soit cuit à cœur, puis éteindre le feu.

3 › Abaisser finement la pâte à ravioles.

4 › Retirer le poisson de la poêle, l'écraser grossièrement dans une assiette creuse. Farcir chaque raviole de ce hachis. Rabattre le reste de pâte et souder puis détailler.

5 › Remettre la poêle à chauffer doucement, ajouter la crème fraîche au jus restant, bien remuer. Laisser épaissir quelques minutes.

6 › Cuire les ravioles dans le bouillon de poule frémissant. Égoutter et disposer dans un plat creux. Napper de la sauce au curry et parsemer de quelques feuilles de cerfeuil.

Conseil

Des ravioles à la pâte joliment colorée de jaune en ajoutant une pointe de curry dans sa base, pour le plaisir des yeux !

ravioles à la lotte

nature

500 g de lotte ou 400 g de joues de lotte / 80 g de beurre frais / Pâte à ravioles (p. 8) / 1 cube de bouillon de poule / 2 doses (0,2 g) de safran / Sel, poivre.

4 PERS. — PRÉP. : 30 MIN — CUISS. : 12 MIN

1 › Préparer le morceau de lotte en retirant l'os central et en le tranchant ou couper les joues de lotte en deux.
2 › Mettre ces morceaux à cuire rapidement dans 50 g de beurre dans une poêle à fond antiadhésif. Retourner au bout de 3 à 4 minutes, saler et poivrer, laisser cuire encore 2 minutes puis laisser tiédir.
3 › Abaisser finement la pâte à ravioles.
4 › Détailler la chair de lotte en petits carrés et en farcir chaque raviole. Rabattre l'autre abaisse de pâte et souder puis découper.
5 › Pocher les ravioles dans le bouillon de poule frémissant. Égoutter dans un plat de service, parsemer de copeaux du beurre frais restant et saupoudrer de safran. Servir bien chaud.

À savoir

Les joues de lotte, un peu moins onéreuses que la queue, sont idéales pour cette recette très raffinée dans sa simplicité. La lotte possède un gros « os » central assez lourd en guise d'arête.

Conseil

Éviter la lotte surgelée pour cette recette, car les petites queues de lotte proposées qui proviennent souvent de Chine n'ont rien à voir avec la lotte de nos côtes, ou baudroie, à la chair blanche et très ferme.

› ravioles au cabillaud, sauce curry
p. 66

ravioles aux œufs de lompe

Pâte à ravioles (p. 8) / 250 g de crème fraîche épaisse / 2 petits pots d'œufs de lompe, rouges ou noirs / 125 g de crème fraîche liquide / 2 citrons / 1 cube de bouillon de poule / Quelques pluches de cerfeuil ou, à défaut, de persil.

4 PERS. — PRÉP. : 15 MIN — CUISS. : 10 MIN

1 › Abaisser la pâte à ravioles.
2 › Disposer au centre de chaque alvéole un petit nid de crème fraîche épaisse, couvrir d'une noisette d'œufs de lompe.
3 › Rabattre la pâte restante, souder et détailler.
4 › Dans une petite casserole, faire chauffer la crème fraîche liquide. Lorsqu'elle bout, arrêter le feu, ajouter le jus des citrons, bien remuer.
5 › Cuire les ravioles dans le bouillon de poule frémissant. Égoutter dans un plat creux et verser la crème liquide bien chaude. Remuer délicatement, disposer quelques pluches de cerfeuil pour le décor et servir.

ravioles au saumon fumé et à l'aneth

Pâte à ravioles (p. 8) / 8 tranches assez épaisses de saumon fumé / 25 cl de crème fraîche liquide / 1 petite branche d'aneth / 1 cube de bouillon de poule / Sel, poivre.

4 PERS. — PRÉP. : 15 MIN — CUISS. : 10 MIN

1 › Étaler finement la pâte à ravioles. La farcir de saumon en dés en formant une petite noisette. Rabattre la pâte au-dessus, souder et détailler.
2 › Mettre la crème liquide à chauffer dans une petite casserole. Lorsqu'elle bout, éteindre le feu, immerger la branche d'aneth.
3 › Pocher les ravioles dans le bouillon de poule. Égoutter dans un plat creux.
4 › Retirer la branche d'aneth de la crème, poivrer et saler très légèrement, le poisson l'étant déjà, verser sur les ravioles.
5 › Bien remuer et servir aussitôt.

Conseil

On peut réaliser cette recette simplissime avec n'importe quel poisson fumé.

ravioles aux rillettes de sardines

6 belles sardines très fraîches / Pâte à ravioles (p. 8) / 2 gousses d'ail / 200 g de fromage frais / 4 cuil. à soupe d'huile d'olive / Une grosse pincée de coriandre en poudre / 2 citrons / 150 g d'olives vertes dénoyautées / 1 cube de bouillon de poule / Sel, poivre.

4 PERS. — PRÉP. : 20 MIN — CUISS. : 20 MIN

1 › Vider les sardines, rincer soigneusement l'intérieur et les mettre à cuire 15 minutes à la vapeur.
2 › Abaisser finement la pâte à ravioles.
3 › Lever les filets des sardines en éliminant les arêtes et la peau.
Mixer avec les gousses d'ail pelées, le fromage frais, 2 cuillerées à soupe d'huile d'olive, la coriandre en poudre, le jus des citrons, du sel et du poivre.
4 › Farcir de ce hachis chaque raviole des plaques à ravioles, couvrir de l'autre abaisse de pâte, souder et détailler.
5 › Couper grossièrement les olives en morceaux.
6 › Pocher les ravioles dans le bouillon de poule frémissant. Égoutter et dresser dans un plat de service. Répartir les olives et ajouter les 2 cuillerées restantes d'huile d'olive. Saler et poivrer, bien remuer et servir.

Conseil
Les sardines très fraîches se reconnaissent à leur peau lustrée et à leur œil vif et brillant. Inutile d'écailler ces sardines puisque la peau sera entièrement retirée.

ravioles à la sole,
sauce à l'orange

2 oranges non traitées / 20 g de beurre frais / 6 filets de sole / 30 cl de vin blanc / Pâte à ravioles (p. 8) / 3 jaunes d'œufs / 250 g de crème fraîche épaisse / 2 cuil. à soupe de Grand Marnier / 1 cube de bouillon de poule / Sel, poivre.

4 PERS. — PRÉP. : 35 MIN — CUISS. : 40 MIN

1 › Prélever les zestes de l'une des oranges, les mettre à blanchir 5 minutes dans une petite casserole d'eau bouillante.
2 › Faire fondre le beurre dans une poêle à fond antiadhésif. Y placer les filets de sole. Mouiller avec le vin blanc puis ajouter le jus des oranges. Saler et poivrer. Laisser cuire à feu doux environ 10 minutes. Le liquide doit juste frémir.
3 › Étaler finement la pâte à ravioles.
4 › Récupérer délicatement tous les filets de sole dans une assiette creuse et poursuivre le feu doucement sous la poêle. Écraser grossièrement le poisson à l'aide d'une fourchette, en ajoutant 2 cuillerées à soupe de liquide pour lier.
5 › Farcir chaque raviole de ce hachis, recouvrir de l'autre abaisse de pâte, souder puis découper.
6 › Mélanger dans un bol les jaunes d'œufs et la crème fraîche. Verser dans la poêle sur le jus bien réduit. Remuer et ajouter le Grand Marnier. Rectifier l'assaisonnement, éteindre le feu.
7 › Cuire les ravioles dans le bouillon de poule frémissant. Égoutter et disposer dans un plat creux. Napper de sauce et servir aussitôt en parsemant des zestes d'orange blanchis.

ravioles aux fonds d'artichaut et aux pignons de pin

400 g de fonds d'artichaut congelés / Pâte à ravioles (p. 8) / 125 g de pignons de pin / 200 g de crème fraîche épaisse / 1/3 de cuil. à café d'origan en poudre / 1 cube de bouillon de poule ou de légumes / Sel, poivre.

4 PERS. — PRÉP. : 20 MIN — CUISS. : 10 À 30 MIN

1 › Les fonds d'artichaut congelés sont généralement cuits. Si ce n'est pas le cas, les faire cuire environ 20 minutes à la vapeur ou dans l'eau bouillante puis les égoutter. En cas d'utilisation de fonds d'artichaut en conserve, les rincer abondamment afin d'éliminer le goût de saumure.

2 › Pendant la cuisson éventuelle des fonds ou leur décongélation, abaisser finement la pâte à ravioles.

3 › Déposer les pignons de pin dans une petite casserole à fond antiadhésif à sec, remuer 2 à 3 minutes jusqu'à ce qu'ils soient bien dorés. Réserver.

4 › À l'aide d'une fourchette ou d'un écrase-purée, malaxer ensemble fonds d'artichaut et crème fraîche épaisse. Incorporer l'origan en poudre, saler et poivrer.

5 › Farcir chaque raviole de cette purée, rabattre l'autre abaisse de pâte, souder puis découper.

6 › Faire cuire ces ravioles dans le bouillon de poule ou de légumes frémissant et égoutter. Parsemer de pignons de pin dorés, bien remuer, servir bien chaud.

ravioles aux asperges

1 kg d'asperges très fraîches / Pâte à ravioles (p. 8) / 4 cuil. à soupe de fromage blanc ou de fromage frais de type brousse / 80 g de parmesan / 1 cube de bouillon de poule / 50 g de beurre frais / 1 cuil. à soupe d'estragon ciselé / Sel, poivre.

4 PERS. — PRÉP. : 30 MIN — CUISS. : 15 MIN

1 › Préparer les asperges : les peler à l'aide d'un couteau économe et couper les pieds fibreux. Les mettre à cuire à la vapeur pour 5 à 10 minutes selon leur grosseur.
2 › Pendant ce temps, abaisser finement la pâte à ravioles.
3 › Mixer les asperges, le fromage frais et le parmesan. Saler et poivrer. S'il persiste des fibres, les retirer.
4 › Farcir chaque raviole de ce hachis, recouvrir de pâte, souder puis découper.
5 › Faire pocher les ravioles dans le bouillon de poule frémissant et égoutter. Les servir aussitôt, parsemées de copeaux de beurre et saupoudrées d'estragon.

ravioles au céleri-rave

500 g de céleri-rave / Pâte à ravioles (p. 8) / 250 g de crème fraîche épaisse / 2 cuil. à soupe de Grand Marnier / Deux grosses pincées de muscade / 1 cube de bouillon de poule ou de légumes / 50 g de beurre frais / Sel, poivre.

4 PERS. — PRÉP. : 20 MIN — CUISS. : 15 MIN

1 › Éplucher le céleri-rave. Le couper en quartiers puis débiter chaque quartier en 2 morceaux. Les mettre à cuire à la vapeur ou dans l'eau bouillante pour 10 minutes environ.
2 › Pendant ce temps, abaisser la pâte à ravioles.
3 › Vérifier la cuisson du céleri en piquant l'un des morceaux avec la lame d'un couteau. Égoutter, passer au mixeur avec la crème fraîche, le Grand Marnier, la muscade. Saler et poivrer.
4 › Déposer une noisette de cette farce dans chaque raviole, rabattre la pâte restante. Souder puis détailler.
5 › Pocher ces ravioles dans le bouillon de poule ou de légumes frémissant. Égoutter. Parsemer de copeaux de beurre frais. Servir sans attendre.

› ravioles aux asperges et au parmesan

ravioles aux choux de Bruxelles et aux zestes d'orange

250 g de choux de Bruxelles frais ou congelés / Pâte à ravioles (p. 8) / 1 orange non traitée / 100 g de beurre frais / 120 g de fromage blanc / 2 jaunes d'œufs / 1 cube de bouillon de poule ou de légumes / Sel, poivre.

4 PERS. — PRÉP. : 20 MIN — CUISS. : 25 MIN

1 › Laver soigneusement les choux de Bruxelles. Les couper en deux pour les mettre à cuire soit à la vapeur, soit dans une casserole d'eau bouillante durant 15 minutes environ.

2 › Pendant ce temps, étaler la pâte à ravioles très finement.

3 › Vérifier la cuisson des choux en en piquant un avec la lame d'un couteau. Égoutter.

4 › À l'aide d'un couteau économe, prélever les zestes de l'orange. Faire fondre le beurre dans une petite casserole. Lorsqu'il est liquide, éteindre le feu et mettre les zestes à infuser.

5 › Écraser ensemble à la fourchette les choux de Bruxelles, le fromage blanc, le jus de l'orange, les jaunes d'œufs, saler et poivrer.

6 › Farcir les ravioles de ce mélange. Recouvrir de pâte, souder puis détailler.

7 › Faire pocher les ravioles dans le bouillon de poule ou de légumes frémissant et réchauffer le beurre à l'orange.

8 › Égoutter les ravioles, napper de beurre parfumé et servir aussitôt.

Conseil

Une pâte à ravioles parfumée au paprika relèvera subtilement l'arôme de cette farce.

ravioles aux courgettes
et à la fleur de thym

3 cuil. à soupe d'huile d'olive / 6 courgettes bien tendres de taille moyenne / 4 gousses d'ail / 2 cuil. à soupe de fleur de thym / Pâte à ravioles (p. 8) / 4 portions de fromage frais / 1 cube de bouillon de poule ou de légumes / Sel, poivre.

4 PERS. — PRÉP. : 15 MIN — CUISS. : 25 MIN

1 › Faire chauffer l'huile d'olive dans une poêle antiadhésive. Laver les courgettes, leur couper les deux bouts. Les débiter en très fines tranches et les déposer dans la poêle. Ajouter les gousses d'ail pelées et pilées. Saupoudrer de fleur de thym. Bien tourner, laisser fondre 20 minutes à feu modéré.

2 › Abaisser finement les plaques à ravioles.

3 › Lorsque les courgettes sont réduites en purée grossière, éteindre le feu. Incorporer au fouet les carrés de fromage frais, saler modérement et poivrer.

4 › Farcir chaque raviole d'une noisette de cette purée. Couvrir de l'autre abaisse de pâte, souder puis découper.

5 › Cuire ces ravioles dans le bouillon de poule ou de légumes frémissant, égoutter et servir de suite.

À savoir

On appelle fleur de thym les petites feuilles et fleurs débarrassées des branches et mises à sécher en bocal au moment de la floraison, lorsque le parfum du thym est le plus puissant.

Conseil

Ces ravioles sont l'accompagnement idéal de côtelettes d'agneau ou du gigot de 7 heures, confit de longues heures dans son jus.

› ravioles aux courgettes et à la fleur de thym p. 79

ravioles aux épinards
et à la ricotta

400 g d'épinards frais / Pâte à ravioles (p. 8) / 200 g de ricotta / 2 jaunes d'œufs / 100 g de parmesan râpé / 100 g de beurre frais / 3 feuilles de sauge fraîches / 1 cube de bouillon de poule ou de légumes / Sel, poivre.

••• ››› 4 PERS. — PRÉP. : 20 MIN — CUISS. : 20 MIN

1 › Laver et équeuter les feuilles d'épinard. Les mettre à cuire à sec dans une grande poêle à fond antiadhésif.
2 › Abaisser finement la pâte à ravioles.
3 › Au bout de 10 minutes, l'eau des épinards s'est évaporée. Les mixer. Ajouter la ricotta, les jaunes d'œufs, le parmesan. Saler et poivrer.
4 › Farcir chaque raviole de ce hachis, refermer avec l'autre abaisse de pâte, souder et découper.
5 › Dans une petite casserole, faire fondre doucement le beurre. Lorsqu'il est liquide, éteindre le feu et mettre les feuilles de sauge à infuser.
6 › Faire cuire les ravioles dans le bouillon de poule ou de légumes frémissant. Égoutter, napper de beurre à la sauge et servir bien chaud.

ravioles aux tomates
fraîches et confites

1 bocal de 200 g de tomates confites à l'huile d'olive / 200 g de ricotta / 3 cuil. à soupe d'huile d'olive / 2 oignons / 4 grosses tomates bien mûres / 3 gousses d'ail / Pâte à ravioles (p. 8) / 1 cube de bouillon / 5 feuilles de basilic / 100 g de parmesan / Sel, poivre.

••• ››› 4 PERS. — PRÉP. : 20 MIN — CUISS. : 30 MIN

1 › Mixer le contenu du bocal de tomates confites et la ricotta.
2 › Dans une poêle à fond antiadhésif, faire chauffer l'huile d'olive. Y déposer les oignons épluchés et émincés, les tomates tranchées, les gousses d'ail pelées et écrasées. Laisser fondre une vingtaine de minutes en remuant régulièrement. Saler et poivrer.
3 › Abaisser finement la pâte à ravioles. Placer une noisette du mélange ricotta/tomates confites dans chaque raviole. Couvrir de pâte, souder puis découper.
4 › Pocher ces ravioles dans le bouillon frémissant et égoutter. Verser dans un plat creux, napper du coulis de tomates et oignons. Bien remuer. Décorer avec le basilic ciselé et servir avec le parmesan.

ravioles aux poireaux
et au reblochon

4 poireaux / 50 g de beurre frais / 2 cuil. à soupe d'huile / Pâte à ravioles (p. 8) / 1 reblochon fruitier / Deux grosses pincées de cumin en poudre / 1 cube de bouillon de poule ou de légumes / Sel, poivre.

4 PERS. — PRÉP. : 30 MIN — CUISS. : 25 MIN

1 › Laver abondamment les poireaux. Les détailler en tronçons de 5 cm. Les mettre à fondre dans une poêle à fond antiadhésif dans le mélange beurre/huile (l'huile empêche le beurre de noircir). Laisser cuire environ 20 minutes en remuant régulièrement.
2 › Pendant ce temps, étaler finement la pâte à ravioles.
3 › Lorsque les poireaux sont bien cuits et joliment dorés, les mettre dans un saladier.
4 › Écroûter le reblochon. Le tailler en petits dés. Les incorporer aux poireaux encore chauds. Ajouter le cumin en poudre. Saler et poivrer modérément, le fromage l'étant déjà.
5 › Farcir chaque raviole d'une noisette de ce mélange. Rabattre l'autre abaisse de pâte, puis découper.
6 › Cuire ces ravioles dans le bouillon de poule ou de légumes frémissant et égoutter. Servir sans attendre.

Conseil
Ces ravioles accompagnent à merveille les saucisses de Morteau, le jarret de porc, le rôti de porc ou de veau…

ravioles aux poivrons
tricolores

2 poivrons rouges / 2 poivrons verts / 2 poivrons jaunes / Pâte à ravioles (p. 8) / 2 broccius / 1 cube de bouillon de poule ou de légumes / 3 cuil. à soupe d'huile d'olive / Sel, poivre.

4 PERS. — PRÉP. : 30 MIN — CUISS. : 1 H 10 MIN
REPOS : 30 MIN

1 › Laver les poivrons. Les déposer sur la plaque du four recouverte de papier d'aluminium. Cuire sous le gril à 180 °C (th. 6) pendant environ 1 heure en les tournant régulièrement. Les poivrons doivent noircir et leur peau, se boursoufler en surface.

2 › Pendant ce temps, abaisser la pâte à ravioles.

3 › Lorsque les poivrons sont prêts, les enfermer dans un sac en plastique style congélation pour 30 minutes : l'humidité produite par le refroidissement va décoller spontanément leur peau.

4 › Peler les poivrons, retirer le pédoncule, les graines et les côtes intérieures. Les couper en petits morceaux.

5 › Placer 1 morceau de poivron au centre de chaque raviole, couvrir de 1 dé de brocciu. Rabattre la pâte, souder puis découper.

6 › Cuire ces ravioles dans le bouillon de poule ou de légumes frémissant. Égoutter. Verser dans un plat creux, napper d'huile d'olive, saler et poivrer modérément. Bien mélanger et servir.

Conseil

Le brocciu est un fromage corse au lait de chèvre ou de brebis. Il est possible de le remplacer par un fromage frais de chèvre, voire par de la mozzarella de bufflonne.

ravioles à la ciboulette et à la faisselle de chèvre

4 faisselles de fromage de chèvre / 125 g de crème fraîche épaisse / 5 cuil. à soupe de ciboulette hachée / Pâte à ravioles (p. 8) / 1 cube de bouillon de poule / Sel, poivre.

4 PERS. — PRÉP. : 15 MIN — CUISS. : 5 MIN

1 › Dans un saladier, mélanger intimement les faisselles égouttées, la crème fraîche et la ciboulette hachée. Saler et poivrer.
2 › Étaler la pâte à ravioles. La farcir d'une noisette de ce mélange. Refermer avec le reste de pâte, souder puis délimiter.
3 › Pocher les ravioles dans le bouillon de poule frémissant. Égoutter et servir sans attendre.

Conseil
Ces ravioles agrémentées de muscade en poudre dans leur pâte de base accompagneront parfaitement une salade verte.

ravioles au pesto et aux amandes

100 g de feuilles de basilic / 4 grosses gousses d'ail pelées / 80 g de pignons de pin / 4 cuil. à soupe d'huile d'olive / Pâte à ravioles (p. 8) / 125 g d'amandes effilées / 1 cube de bouillon de poule / Sel, poivre.

4 PERS. — PRÉP. : 20 MIN — CUISS. : 10 MIN

1 › Faire le pesto : mixer finement les feuilles de basilic lavées et séchées, les gousses d'ail, les pignons de pin, l'huile d'olive et une pincée de sel. Poivrer.
2 › Abaisser la pâte à ravioles finement.
3 › La farcir d'un petit tas de pesto. Recouvrir de pâte, souder et détailler.
4 › Dans une poêle antiadhésive, faire dorer les amandes effilées à sec. Réserver.
5 › Faire cuire les ravioles dans le bouillon de poule frémissant. Égoutter. Les servir parsemées d'amandes dorées.

Conseil
On trouve dans le commerce des petits bocaux de pesto qui conviennent tout à fait pour cette recette.

ravioles à l'estragon et aux œufs brouillés

12 œufs très frais / 125 g de crème fraîche épaisse / 1 branche d'estragon / 50 g de beurre frais / Pâte à ravioles (p. 8) / 1 cube de bouillon de poule / Sel, poivre.

4 PERS. — PRÉP. : 15 MIN — CUISS. : 10 MIN

1 › Dans un saladier, battre à la fourchette les œufs entiers et la crème fraîche. Saler et poivrer puis incorporer les feuilles d'estragon lavées et finement ciselées.

2 › Faire fondre le beurre dans une poêle à fond antiadhésif. Lorsqu'il grésille, verser les œufs d'un seul coup. Attendre que le mélange commence à coaguler puis repousser les bords vers le centre à l'aide d'une cuillère en bois, sans cesse, jusqu'à ce que tout l'ensemble soit pris et qu'il ne reste plus de liquide. Transvaser aussitôt dans un plat creux pour stopper la cuisson.

3 › Abaisser finement la pâte à ravioles.

4 › Farcir chaque alvéole d'un petit tas d'œufs. Rabattre la seconde abaisse, souder puis découper.

5 › Faire pocher ces ravioles dans le bouillon de poule frémissant. Égoutter. Servir de suite.

ravioles à la ciboulette et
à la faisselle de chèvre p. 86

ravioles choco-noisette

Pâte à ravioles agrémentée de cacao (p. 8) / 1 petit pot de pâte à tartiner au chocolat et aux noisettes.

4 PERS. — PRÉP. : 10 MIN — CUISS. : 2 MIN

1 › Abaisser finement la pâte à ravioles.
2 › Déposer des petits tas de pâte à tartiner. Refermer avec la pâte et souder bien hermétiquement puis découper.
3 › Faire frire ces ravioles dans de l'huile de friture 1 minute à peine sur chaque face, pour qu'elles soient bien dorées. Retirer aussitôt à l'aide de l'écumoire et déposer sur du papier absorbant avant de servir.

ravioles à la purée de mangues

Pâte à ravioles à la cannelle (p. 8) / 6 mangues bien mûres / 1 citron / 2 cuil. à soupe rases de sucre en poudre / 3 cuil. à soupe de noix de coco râpée.

4 PERS. — PRÉP. : 25 MIN — CUISS. : 5 MIN

1 › Abaisser finement la pâte à ravioles.
2 › Éplucher les mangues. Les dénoyauter et mixer la pulpe avec le jus du citron et le sucre en poudre. Placer ce mélange dans une passoire fine au-dessus d'un saladier et presser doucement pour extraire le jus.
3 › Farcir chaque raviole de cette purée, refermer avec le reste de pâte. Souder puis détailler.
4 › Pocher ces ravioles dans de l'eau frémissante, égoutter.
5 › Mélanger le jus des mangues et la noix de coco râpée. Verser sur les ravioles, bien remuer et servir aussitôt.

› ravioles choco-noisette

ravioles à la crème de marrons

Pâte à ravioles à la cannelle (p. 8) / 125 g d'amandes effilées / 1 petite boîte de crème de marrons / 200 g de chocolat noir / 1 bombe de crème Chantilly.

••• >>> 4 PERS. — PRÉP. : 30 MIN — CUISS. : 10 MIN

1 › Abaisser finement la pâte à ravioles.
2 › Dans une poêle à fond antiadhésif, faire dorer les amandes quelques minutes en remuant bien. Réserver.
3 › Farcir chaque raviole de crème de marrons, rabattre le reste de pâte, souder puis découper.
4 › Faire fondre le chocolat noir dans 2 cuillerées à soupe d'eau dans une petite casserole à fond épais. Remuer bien, il doit devenir lisse et brillant, sans grumeaux.
5 › Pocher les ravioles dans de l'eau frémissante. Égoutter.
6 › Dresser chaque assiette : répartir les ravioles tièdes, napper de chocolat fondu, décorer de boules de chantilly et parsemer d'amandes dorées effilées.

ravioles à la compote de poires

Pâte à ravioles à la cannelle (p. 8) / 250 g de compote de poires / 3 cuil. à soupe de sucre glace / Une pincée de cannelle.

••• >>> 4 PERS. — PRÉP. : 10 MIN — CUISS. : 5 MIN

1 › Abaisser finement la pâte à ravioles.
2 › Farcir chaque alvéole d'un peu de compote de poires. Rabattre le reste de pâte et souder puis découper.
3 › Pocher les ravioles dans de l'eau frémissante. Égoutter. Dresser dans un plat creux, saupoudrer de sucre glace et décorer avec la cannelle. Servir tiède.

Conseil
On peut remplacer la compote de poires par de la compote de pommes.

ravioles à la crème de marrons

table des matières

Dépôt légal 3e trim. 2011 n° 3 839
Imprimé en U.E.